BEI GRIN MACHT SICH IHR WISSEN BEZAHLT

- Wir veröffentlichen Ihre Hausarbeit,
  Bachelor- und Masterarbeit

- Ihr eigenes eBook und Buch -
  weltweit in allen wichtigen Shops

- Verdienen Sie an jedem Verkauf

Jetzt bei www.GRIN.com hochladen und kostenlos publizieren

Biologische Psychologie. Aufbau und Funktionsweise des menschlichen Nervensystems

Bibliografische Information der Deutschen Nationalbibliothek:

Die Deutsche Nationalbibliothek verzeichnet diese Publikation in der Deutschen Nationalbibliografie; detaillierte bibliografische Daten sind im Internet über http://dnb.d-nb.de abrufbar.

ISBN: 9783346532343
Dieses Buch ist auch als E-Book erhältlich.

Druck und Bindung: Books on Demand GmbH, Norderstedt Germany
Gedruckt auf säurefreiem Papier aus verantwortungsvollen Quellen

Das vorliegende Werk wurde sorgfältig erarbeitet. Dennoch übernehmen Autoren und Verlag für die Richtigkeit von Angaben, Hinweisen, Links und Ratschlägen sowie eventuelle Druckfehler keine Haftung.

Das Buch bei GRIN: https://www.grin.com/document/1148037

Einsendeaufgabe

Sonderprüfungsform

Modul: BBIPSY – Biologische Psychologie

Aus Gründen der Leserlichkeit wird auf eine gleichzeitige Verwendung der Sprachformen männlich, weiblich und divers (m/w/d) verzichtet. Sämtliche Personenbezeichnungen gelten gleichermaßen für alle Geschlechter.

Inhaltsverzeichnis

Abkürzungsverzeichnis

Abb.	Abbildung
ACTH	Adrenocortocotropes Hormon
ADH	Adiuretin
ADHS	Aufmerksamkeitsdefizit-/Hyperaktivitätsstörung
ANS	Autonomes Nervensystem
Aufl.	Auflage
BCI	Brain-Computer-Interfaces
bspw.	beispielsweise
bzw.	beziehungsweise
EEG	Elektroencephalogramm
engl.	englisch
GH-RH	Growth Hormone Releasing Hormone
Hz	Hertz (Frequenzeinheit)
i.d.R.	in der Regel
lat.	lateinisch
NF	Neurofeedback
PNS	Peripheres Nervensystem
SNS	Somatisches Nervensystem
sog.	sogenannte
STH	Somatropes Hormon
Tab.	Tabelle
vgl.	vergleiche
VNS	Vegetatives Nervensystem
z.B.	zum Beispiel
ZNS	Zentrales Nervensystem

Tabellenverzeichnis

Abbildungsverzeichnis

Aufgabe 1

1.1 Das Nervensystem – Ein Überblick

Im Allgemeinen kann das Nervensystem (engl. *nervous system*) als eine Art „Hochgeschwindigkeitsnetz" des Körpers betrachtet werden, das sich aus sämtlichen Nervenzellen aller Nervensysteme zusammensetzt. Es ermöglicht dem Organismus Informationen aus seiner Umwelt und dem Körpergewebe aufzunehmen, Entscheidungen zu treffen sowie die Rücksendung von Befehlen an das Körpergewebe.[1]

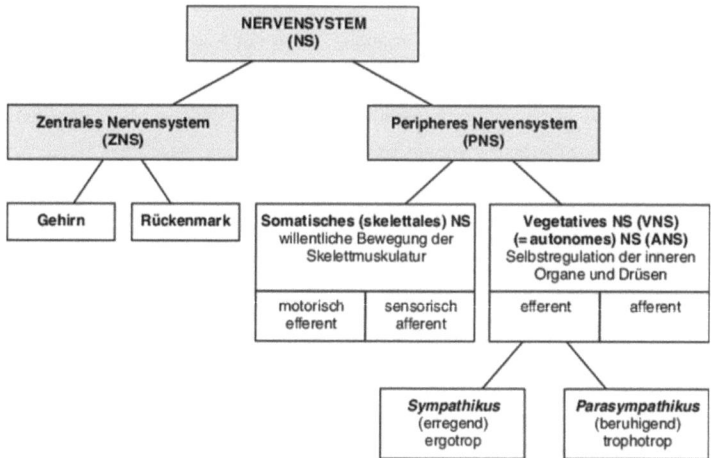

Abb.1 : Wichtigste funktionale Gliederungsgesichtspunkte des menschlichen Nervensystems
Quelle: Becker-Carus & Wendt, 2017, S. 34.

Wie aus der Grafik hervorgeht, so lässt sich das Nervensystem bei Wirbeltieren grob in zwei große Systeme einteilen : Einem zentralen Nervensystem (ZNS) und einem peripheren Nervensystem (PNS). Diese werden widerum in Untersysteme gegliedert. Das ZNS setzt sich aus zwei Komponenten zusammen, dem Gehirn (Encephalon), welches sich im Schädel befindet und dem Rückenmark (Medulla spinalis), das in der Wirbelsäule situiert ist.[2]

---

[1] Vgl. Myers (2014), S.58
[2] Vgl. Pinel, Barnes & Pauli (2019), S.63

Aufgaben des ZNS sind die Integration und Koordination sämtlicher körperlicher Funktionen sowie die Verarbeitung eintreffender neuronaler Informationen und Aussendung von Befehlen an verschiedene Bereiche des Körpers. Das ZNS sendet und empfängt neuronale Informationen über das Rückenmark, einem Strang von Neuronen, der das Gehirn mit dem PNS verbindet. Dieser Neuronenstrang befindet sich in einem Hohlraum der Wirbelsäule. Die Spinalnerven des Rückenmarks sind zwischen jedem Wirbelpaar der Wirbelsäule vorzufinden, verzweigen sich und sind mit Sinnesrezeptoren, Muskeln sowie Drüsen verbunden. Das Rückenmark koordiniert die Aktivität der linken und rechten Körperseite und ist ohne Beteiligung des Encephalons für unkomplizierte, schnelle und reflektorische Aktionen zuständig. [3] Das periphere Nervensystem besteht ebenfalls aus zwei Komponenten, dem somatischen Nervensystem und dem autonomen bzw. vegetativen Nervensystem (ANS bzw. VNS). [4]

Die Mehrheit der Nerven des peripheren Nervensystems hat ihren Ursprung im Rückenmark, jedoch existieren zwölf Ausnahmen, den Hirnnerven, welche direkt vom Gehirn ausgehen. Diese sind der Reihe nach von vorne nach hinten durchnummeriert. Zwar gehören zu den Hirnnerven auch rein sensorische Nerven, wie bspw. der Nervus olfactoris (I. Hinnerv) und der Nervus opticus (II. Hirnnerv), jedoch beinhalten die meisten sowohl sensorische als auch motorische Fasern. Der längste Hirnnerv ist der Nervus vagus (X. Hirnnerv). Seine motorischen und sensorischen Fasern projizieren von und zu den Eingeweiden. Aufgrund der Spezifität von Funktion und Lokalisierung der Hirnnerven, können Ausfälle bestimmter Hirnnervenfunktionen zuverlässige Hinweise auf die Lage und das Ausmaß von Tumoren oder anderen Gehirnpathologien liefern. [5]

Die wesentliche Einheit des Nervensystem bilden die Nervenzellen bzw. Neuronen. Sie verfügen i.d.R. über einen afferenten Teil, die sog. Dendriten, einen zentralen Anteil, das Soma (Zellkörper) und einen efferenten Teil, das Axon. Der afferente Teil, welcher der Informationsaufnahme dient, besteht meist aus einer Reihe verzweigter Fortsätze, den Dendriten. Die Verästelungen der Dendriten sind in der Lage zahlreiche Signale von anderen Neuronen zu empfangen. Das Soma enthält als zentraler Teil den Zellkern (Nucleus) sowie das Zytoplasma, das der Zellernährung dient und weitere Zelleinschlüsse, welche der Verarbeitung dienen. Im Zellkörper erfolgt die „Verrechnung" der auf unterschiedlichen Wegen eingehenden Informationen. Über den efferenten Hauptfortsatz, also dem Axon erfolgt letztlich die Weiterleitung von Informationen zu anderen Zellen. [6]

---

[3] Vgl. Gerrig (2018), S.109
[4] Vgl. Pinel, Barnes & Pauli (2019), S.63
[5] Vgl. Pinel, Barnes & Pauli (2019), S.64
[6] Vgl. Becker-Carus & Wendt (2017), S. 34

1.2 Das somatische Nervensystem

Das somatische Nervensystem (SNS) ist das Element des PNS, das in Interaktion mit der äußeren Umwelt steht. Es umfasst afferente Nerven, die sensorische Signale von Haut, Skelettmuskeln, Gelenken, Augen und weiteren Sinnesorganen zum ZNS leiten und efferente Nerven, welche motorische Signale vom ZNS zu den Skelettmuskeln übertragen. Das SNS ist somit für die bewusste Wahrnehmung, aber auch für die Kontrolle und Willkür der Motorik von wesentlicher Bedeutung. Aufgrund dessen wird das SNS auch als animales (lat. *animalis* = lebendig) Nervensystem bezeichnet und als Komponente des Bewusstseins betrachtet. [7]

1.3 Das vegetative Nervensystem

Das vegetative Nervensystem (VNS) oder auch autonome Nervensystem (ANS) ist die Komponente des peripheren Nervensystems, die für die Regulation des inneren Milieus des Körpers zuständig ist. Es besteht aus afferenten, also eingehenden Nerven, die sensorische Signale von inneren Organen zum ZNS leiten und aus efferenten Nerven, die motorische Signale vom ZNS zu den inneren Organen übertragen. Insgesamt besitzt das VNS zwei verschiedene Arten von efferenten Nerven, die sympathischen Nerven und die parasympathischen Nerven. Die parasympathischen Nerven entspringen dem Encephalon und sog. sakralen (Kreuzwirbel) Bereichen der Wirbelsäule. Die sympathischen Nerven sind entlang der lumbalen (Lendenwirbel) und thorakalen (Brustwirbel) Bereichen der Wirbelsäule im Körper situiert. Auf ihrem Weg zum „Erfolgsorgan" werden alle sympathischen und parasympathischen Nerven einmal umgeschaltet.[8]

Das VNS erfüllt mit dem Sympathikus und Parasympathikus zwei essentielle Funktionen. Der Sympathikus reagiert, wenn sich das Individuum in einer Gefahren- oder Stresssituation befindet. Er setzt den Organismus in physiologische Erregung und bereitet ihn auf eine angemessene Reaktion vor, die sog. *„flight-or-fight-Reaktion".*[9]

Dies erfolgt, indem er den Blutdruck erhöht, für eine Zunahme der Herzfrequenz sorgt, die Verdauung verlangsamt, den Blutzucker steigen lässt oder den Organismus durch Schwitzen abkühlt. Neben den soeben genannten physiologischen Reaktionen des Körpers, kommt es

---

[7] Vgl. Pinel, Barnes & Pauli (2019), S.63
[8] Vgl. Pinel, Barnes & Pauli (2019), S.63-64
[9] Vgl. Silverthorn (2009), S.541

zur Ausschüttung der Haupthormone der sympathischen Aktivierung. Es werden Adrenalin und Noradrenalin ausgeschüttet.[10]

Hierbei wird Energie verbraucht und das Individuum ist aufmerksam und in der Lage, sich der Situation zu stellen. Klingt der Stress allerdings wieder ab, so reagiert der Parasympathikus, indem er die umgekehrten Effekte hervorruft.[11] Er ist „trophotrop", also auf Ruhe ausgerichtet. Der Herzschlag wird verlangsamt und der Blutdruck gesenkt. Dies hat zur Folge, dass keine Energie verbraucht, sondern eingepespart wird.[12]

Ein weiteres Untersystem des VNS (in der Abbildung nicht darsgestellt) ist das sog. *enterische Nervensystem*. Es handelt sich hierbei um ein eigenständiges Darmnervensystem, welches weitgehend unabhängig von Sympathikus und Parasympathikus agiert und somit auch ohne zentralnervösen Einfluss arbeitet. Es wird deshalb auch als „Gehirn des Darms" bezeichnet und verfügt nahezu so viele Neuronen, wie das Rückenmark.[13] Das Darmnervensystem besitzt sowohl sensorische als auch motorische Nervenfasern und Interneurone. Aufgabe des Darmnervensystems ist die Kontrolle und Koordination von Darmaktivitäten sowie Darmbewegungen, die die Durchmischung des Inhalts und dessen Weitertransport sichern. [14]

Zusammenfassend lässt sich sagen, auch wenn Sympathikus und Parasympathikus im Alltag zusammenarbeiten, so sind sie dennoch als Gegenspieler zu betrachten, da eine erhöhte Aktivität des Parasympathikus mit einer niedrigen Aktivität des Sympathikus einhergeht und umgekehrt. Dies wird auch als sog. *funktioneller Synergismus* bezeichnet. Dennoch gibt es Organe, die lediglich von einem der beiden Systeme kontrolliert werden. So werden z.B. die Blutgefäße allein vom Sympathikus kontrolliert und die Tränendrüsen vom Parasympathikus.[15]

1.4 Unterscheidung: Somatisches und vegetatives Nervensystem

Sowohl das somatische als auch das vegetative Nervensystem sind jeweilige Komponente des peripheren Nervensystems, das für die motorischen und sensorischen Neuronen zuständig ist und im Gegensatz zum ZNS außerhalb des Gehirns und des Rückenmarks situiert ist. Beide Komponente spielen eine essentielle Rolle für die Interaktion mit der Umwelt und dennoch sind beide Systeme im Detail zu differenzieren. So interagiert das somatische Nervensystem bspw. unmittelbar mit der Umgebung, indem es die registrierten Reize an das

---

[10] Vgl. Gauggel & Herrmann (2008), S.276
[11] Vgl. Myers (2014), S.59
[12] Vgl. Becker-Carus & Wendt (2017), S.44
[13] Vgl. Birbaumer & Schmidt (2010), S.105
[14] Vgl. Entringer & Heim (2016), S.23
[15] Vgl. Rüegg (2007), S.56

ZNS weiterleitet. Mittels efferenter Nervenbahnen des SNS können Bewegungen ausgeführt werden, die es verlangt, um die Umwelt erfassen zu können. So wird bspw. mit der Bewegung des Kopfes ein neues Sichtfeld erfasst. Im Gegensatz zum somatischen Nervensystem reagiert das VNS mit Veränderungen in den physiologischen Prozessen auf Veränderungen in der Umwelt. Der Organismus passt sich den entsprechenden Bedigungen an, wodurch keine direkte Ineraktion mit der Umwelt vorliegt, wie das beim SNS der Fall ist. Das SNS unterliegt weiterhin der willentlichen Kontrolle. Das VNS hingegen arbeitet auch unabhängig von willentlicher Kontrolle und sorgt bspw. auch dafür, dass die Atmung während des Schlafes, dem natürlichen und periodischen Bewusstseinsverlust, erhalten bleibt. Im Gegensatz zum VNS besteht der efferente Teil des SNS aus lediglich einem Neuron, dessen Zellkörper zum motorischen Hirnkernnerv und dem Rückenmark verlaufen und unmittelbar an der Skelettmuskulatur synaptische Kontakte bilden.[16]

Auch die Lage beider Systeme ist unterschiedlich. Die Neurone des sympathischen Nervensystems entspringen segmental im Brust- und Lendenwirbelbereich aus dem Rückenmark. Die Neurone des parasympathischen Systems hingegen entspringen getrennt zum einen im Bereich der Medulla des Stammhirns sowie im unteren Sacralbereich des Rückenmarks. Im Gegensatz zum Parasympathikus liegen die Ganglinienknoten des Sympathikus in unmittelbarer Nähe der „von ihnen innervierten Organe". Die Mehrheit der Organe wird jedoch von beiden Systemen innerviert.[17]

Aufgabe 2

2.1 Das endokrine System

Ein weiteres Kommunikationssystem des Organismus, welches zudem mit dem Nervensystem verbunden ist, ist das sog. *endokrine System* (engl. *endocrine system*). Bei dem endokrinen System handelt sich sich um ein langsames, chemisch basiertes Kommunikationssystem des Körpers. Dieses Kommunikationssystem verfügt über eine Vielzahl von Drüsen, welche Hormone ausschütten und ins Blut freisetzen, wodurch die chemischen Botenstoffe über die Blutbahn weitergeleitet werden und andere Gewebe wie bspw. das Gehirn beeinflussen können.[18]

---

[16] Vgl. Becker-Carus & Wendt (2017), S.42-43
[17] Vgl. Becker-Carus & Wendt (2017), S.45
[18] Vgl. Myers (2014), S. 62-63

Im Gegensatz zu den sog. *exokrinen Drüsen*, welche ihre Sekrete an der Oberfläche von Haut oder Schleimhäuten absondern, setzen endokrine Drüsen ihre Produkte (die Hormone) in den sie umgebenden „interstitiellen Raum" ab. Dieser Raum ist meist von dichten Kapillargeflecht durchzogen. In kurzer Zeit diffundieren die Hormone vom Interstitium in die Kapillaren und werden über das Blut im gesamten Körper verteilt bis sie ihre Zielzelle erreichen. Die Annahme, dass Hormone ihre Zielzelle lediglich über die Blutbahn erreichen gilt jedoch als überholt. Mittlerweile ist bekannt, dass Hormone ihre Zielzellen in ihrer unmittelbaren „Nachbarschaft" mittels Diffusion erreichen.[19]

Hormone spielen eine bedeutende Rolle, da sie essentielle und überlebenswichtige Funktionen steuern und regulieren. So regulieren sie bspw. das Körperwachstum, die Ausbildung von primären und sekundären Geschlechtsmerkmalen, beeinflussen Stimmung, Stoffwechsel, Erregungsniveau und Bewusstsein. Des Weiteren unterstützt das endokrine System den Organismus beim Kampf gegen Infektionen und Krankheiten, begünstigt die Regulation des Sexualtriebs, die Produktion von Fortpflanzungszellen oder Milch bei schwangeren Frauen.[20]

Hormone können auf unterschiedliche Art und Weise eingeteilt werden, wie z.b. nach dem Bildungsort, dem Wirkungsprinzip oder dem chemischen Aufbau.[21]

Vom chemischen Aufbau her, können Hormone in vier Klassen eingeteilt werden: Den Aminosäurenabkömmlingen, Petptid- und Proteohormonen, Steroidhormonen und Arachidonsäureabkömmlingen. Aminosäureabkömmlinge sind aufgrund ihrer Ableitung von Aminosäure wasserlöslich, während Steroidhormone als „Cholesterinabkömmlinge" fettlöslich sind. Auch fettlöslich sind die Arachidonsäureabkämmlinge, welche sich von der mehrfach ungesättigten Fettsäure Acrachidonsäure ableiten. Peptid- und Proteohormone hingegen sind meist wasserlöslich, da sie aus kürzeren und längeren Aminosäureketten bestehen. [22]

---

[19] Vgl. Menche (2012), S.174
[20] Vgl. Gerrig (2018), S.118-119
[21] Vgl. Huch & Jürgens (2011), S.220
[22] Vgl. Menche (2012), S.175

Klasse	Hormon	Hauptbildungsort
Aminosäureabkömmlinge	Thyroxin und Trijodthyronin	Schilddrüse
	Katechlolamine Adrenalin und Noradrenalin	Nebennierenmark
Peptid-und Proteohormone	Oxytocin, ADH(Adiuretin) Releasing-Hormone (RH), Inhibiting Hormone (IH)	Hypothalamus
	Wachstumshormon, Prolaktin, TSH, ACTH, FSH, LH	Hypophysenvorderlappen
	Kalzitonin	Schilddrüse
	Parathormon (PTH)	Nebenschilddrüse
	Insulin	Bauchspeicheldrüse
Steroidhormone	Aldosteron, Kortisol	Nebennierenrinde
	Testosteron	Hoden
	Östrogene und Progestron	Eierstöcke
Arachidonsäureabkömmlinge	Prostagladine, Thromboxan	Überall im Körper

Tabelle 1: Übersicht über die Hormone der vier Hormonklassen und ihre Bildungsorte

Quelle: Eigene Darstellung in Anlehnung an Menche (2012), S.174

Bezüglich des Bildungsorts von Hormonen wird zwischen glandulären und aglandulären Hormonen unterschieden. Die Herstellung glandulärer Hormone erfolgt in den Hormondrüsen, wobei diese von dort in das Blut gegeben werden. Darunter fallen bspw. die Produkte der klassichen endokrinen Drüsen, wie der Schild-, Nebenschild- oder Bauchspeicheldrüse, der Keimdrüse, der Nebenniere oder der Adenohypophyse. Bei anglandulären Hormonen handelt es sich widerum insesondere um Gewebehormone, die in spezialisierten hormonproduzierenden Zellen mittels Zellzwischenräumen oder Blut ihren Wirkungsort erreichen. [23]

---

[23] Vgl. Schandry (2016), S.181-182

2.2 Die Hypophyse und ihre wichtigsten Hormone

Die sog. „Hypophyse", welche auch als Hirnhangdrüse bezeichnet wird, wird oftmals als die „wichtigste aller Drüsen" des endokrinen Systems bezeichnet, da sie den größten Einfluss hat. Es handelt sich um eine Struktur in der Größe einer Erbse im mittleren Teil des Gehirns. Von dort aus wird sie von einer angrenzenden Struktur, dem Hypothalamus, gesteuert.[24]

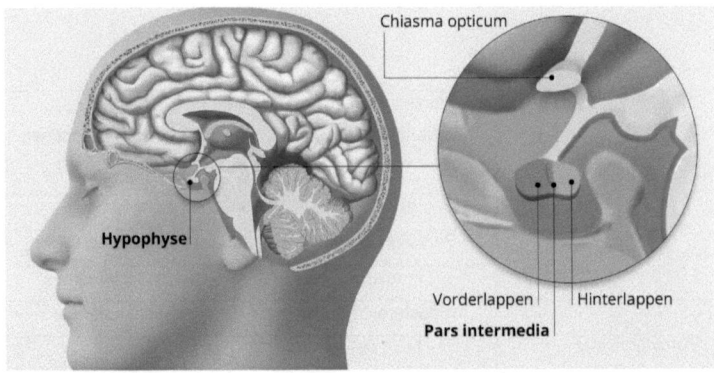

Abb.2: Lage der Hypophyse

Quelle: https://neurochirurgie.insel.ch/fileadmin/Erkrankungen/Hirntumor/Rathke-Zyste/Rathke-Zyste-Aufbau-einer-Hypophyse.jpg (letzter Zugriff am 08.07.2021; 15:49)

Die Hypophyse besteht aus einem Hypophysenvorderlappen (Adenohypophyse), der 75% des Gesamtgewichts ausmacht und aus Drüsengewebe gebildet wird sowie einem kleineren Hypophysenhinterlappen (Neurohypophyse), welcher hauptsächlich aus einem Geflecht von Axonen besteht. Die Zellkörper dieser Axone sind im Hypothalamus situiert, weshalb der Hypophysenhinterlappen funktionell und anatomisch als „Anhängsel" des Hypothalamus zu betrachten ist. [25]

Über Steuerhormone des Hypothalamus erfolgt die Anregung zur Hormonabsonderung der Adenohypophyse. Dies erfolgt entweder mittels Releasing-Hormonen (begünstigende Hormone) oder mittels der Inhibiting-Hormonen (hemmende Hormone), die über ein Blutgefäßsystem vom Hypothalamus zur Hypophyse transportiert werden.[26]

---

[24] Vgl. Myers (2014), S.63
[25] Vgl. Menche (2012), S.177
[26] Vgl. Baur (2015), S.93

Insgesamt produziert die Hypophyse allein etwa zehn Hormone, welche die Sekrete anderer Drüsen des endokrinen Systems beeinflussen, wobei zwischen Effekthormonen und glandotropen (auf Drüsen wirkend) Hormonen differenziert wird. Zu den glandotropen Hormonen zählen bspw. das luteinisierende Hormon (LH), das Stresshormon Adrenokortikotropes und das follikelstimulierende Hormon (FH). Effekthormone sind unter anderem das Wachstumshormon, das Prolaktin oder das Melanozyten-stimulierende Hormon.[27]

Im Folgenden werden vier wichtige Hormone der Hypophyse näher betrachtet, wobei sowohl auf ihre Funktion als auch ihren Einfluss eingegangen wird.:

2.2.1 Oxytocin

Das Hormon Oxytocin gelangt über axonale Transportwege vom Hypothalamus zur Neurohypophyse, wo es am Hypophysenhinterlappen in die Blutbahn freigesetzt wird. Die Herstellung des Hormons findet vorwiegend im Nucleus paraventricularis sowie im Nucleus supraopticus statt. [28]

Oxytocin erfüllt zahlreiche Funktionen, so wird es bspw. schon vor Beginn der Geburt in großen Mengen freigesetzt und sorgt schließlich für die Wehen beim Gebären. Es führt also somit zu einer Kontraktion der glatten Uterusmuskulatur. Des Weiteren sorgt es für den Milcheinschuss bei der Frau, was für das Stillen essentiell ist.[29]

Anhand von tierexperimenteller Studien konnte belegt werden, dass das Neuropeptid Oxytocin neben seiner essentiellen Bedeutung für Geburt und Stillen, ebenso bedeutsam bei der Steuerung des sozialen Bindungsverhaltens ist, wie bspw. der Mutter-Kind-Bindung oder Paarbindung. So scheint sämtliches positives Annäherungsverhalten bei Säugetieren durch das Neuropeptid moduliert zu werden. Des Weiteren konnte seine angstlösende, entspannende und euphorisierende Wirkung auf die Amygdala, welche mit einer gesteigerten Aktivität bei Angst und furchteinflößenden Reizen in Verbindung gebracht wird, nachgewiesen werden. Die aktuellen Befunde aus der Humanforschung verifizieren die in der Tierforschung untersuchte Wirkung von Oxytocin. Als eine Art Glückshormon wird Oxytocin auch bei körperlichen Kontakten wie Berührungen oder Geschlechtsverkehr ausgeschüttet. [30]

---

[27] Vgl. Bachl et al. (2018), S.234
[28] Vgl. Birbaumer & Schmidt (2010), S.146-147
[29] Vgl. Myers (2014), S. 63
[30] Vgl. Hoyer & Knappe (2020), S.229-230

2.2.2 Adiuretin (ADH)

Das Adiuretin (ADH) oder auch Vasopressin ist ein Hormon, das bei der Regulierung des osmotischen Drucks und des Flüssigkeitsvolumens im Körper von entscheidender Bedeutung ist. Stimuliert wird seine Freisetzung unter anderem durch Flüssigkeitsmangel, Zunahme des osmotischen Drucks im Extrazellulärraum, aber auch durch Stress und eine hohe Körpertemperatur. [31]

Ebenso wie das Oxytocin, so gelangt das ADH über denselben Weg in die Blutbahn und wird vom Hypophysenhinterlappen ausgeschüttet. [32] In der Niere fördert ADH die osmotisch bedingte Wasserresorption ins Blut, indem die Wassrdurchlässigkeit der Zellmembran distaler Tubuluszellen und der Sammelrohre erhöht wird. Dadurch kommt es zudem zu einer geringeren Urinausscheidung. In hoher Konzentration sorgt ADH für eine Verengung der Gefäße. Somit nimmt ADH eine wichtige Funktion in Zusammenarbeit mit der Niere, ihrer Filter- und Rückresorption, sowie dem Wasserhaushalt ein. Besonders Getränke wie Alkohol oder Koffein sind dafür bekannt, zu einer vermehrten Harnausscheidung und zu einem gesteigerten Durstgefühl zu führen. Dies liegt daran, dass sie die Wirkung von ADH vermindern. [33]

2.2.3 Somatropes Hormon (STH)

Das somatrope Hormon (STH), welches auch unter dem Begriff „Wachstumshormon" bekannt ist, ist ein Hormon, das im Kindes- und Jugendalter das Körperwachstum kontrolliert, indem es die Zellvermehrung und das Zellwachstum fördert. Nach Ausschüttung durch die Hypophyse erfolgt eine unmittelbare Wirkung, wobei es täglich in mehreren Schüben ausgeschüttet wird, so bspw. auch in den ersten Stunden der Tiefschlafphase. [34]

Die Bildung und Sekretion des Wachstumshormons werden duch GH-RH und GH-ICH, Hormone des Hypothalamus, reguliert. [35] Des Weiteren stimuliert es in Unabhägigkeit vom Lebensalter den Fett- und Glykogenabbau sowie den Eiweißabbau und verringert langfristig die Glukoseverwertung. Nach seiner maximalen Ausschüttung während der Pubertät, nimmt die Produktion des STH im Laufe des Lebens ab. Bei einer Schädigung der Hypophyse kann es zu einer Vermehrten Ausschüttung des STH kommen. Folgen davon wären ein

---

[31] Vgl. Menche (2012), S.178
[32] Vgl. Ehlert (2016), S.365
[33] Vgl. Menche (2012), S.178
[34] Vgl. Becker-Carus & Wendt (2017), S.46
[35] Vgl. Huch & Jürgens (2011), S.224

Minderwachstum bzw. eine Wachstumsverzögerung. Eine Überproduktion des Hormons STH hat bei Kindern hingegen einen Hochwuchs zur Folge. Bei Erwachsenen geht mit einer Überproduktion des Wachstumshormons eine sog. Akromegalie einher, also eine Vergrößerung von Gesichtsknochen, Händen, Füßen, inneren Organen sowie Diabetes mellitus. [36]

2.2.4. Adrenocorticotropes Hormon (ACTH)

Das adrenocorticotrope Hormon (ACTH) ist eines der weitreichendsten Hormone der Hypophyse und stimuliert die Ausschüttung von Hormonen in der Nebennierenrinde, insbesondere der Glukokortikoide. [37]

Das ACTH ist zusammen mit dem Releasing-Hormon CRH in ein als „funktionale Achse" bezeichnetes Regelkreissystem eingebunden. Dieses „Hypophysen-Hypothalamus-Nebennierenrinden-System (HHN-System) ist eine beispielhafte Verdeutlichung der komplexen Interaktionen zwischen dem endokrinen System und dem Nervensystem. Physische oder psychische Ereignisse, wie bspw. Stress in Form von Angst, Furcht, Schmerz oder Freude veranlassen neurosekretorische Zellen über neuronale Bahnen im Hypothalamus, entsprechende Releasing-Hormone freizusetzen. Diese Releasing-Hormone werden über die Gefäßbahnen zur Hypophyse transportiert und induzieren dort die Ausschüttung von ACTH. Über den Blutstrom wird das ACTH zu den Drüsen der Nebennierenrinde sowie weiteren Organen transpotiert und induziert dort die Ausschüttung von etwa 30 weiteren Hormonen, welche in differenzierter Weise an der Anpassung der physiologischen Funktionen an die Stressbelastung eingebunden sind. [38]

Aufgabe 3

3.1 Biofeedback

Bei dem sog. Biofeedback handelt es sich um ein Verfahren, bei dem die Aktivitäten physiologischer Vorgänge mittels optischer, akustischer oder Signale anderer Art zurückgemeldet werden. Ziel ist es, dem Patienten eine bewusste Steuerung „scheinbar

---

[36] Vgl. Menche (2012), S.179
[37] Vgl. Huch & Jürgens (2011), S.228
[38] Vgl. Becker-Carus & Wendt (2017), S. 46-47

autonomer, körperlicher und seelischer Vorgänge" möglich zu machen. Patienten sollen in der Therapie erlernen, unbewusste physiologische Prozesse, die im Zusammenhang mit ihrer Symptomatik stehen, zu kontrollieren. Hierbei werden unterschiedliche Parameter erfasst, wie bspw. Blutdruck, Hauttemperatur, Durchblutung, Herzfrequenz oder Muskelspannung. Diese werden in Form von optischen, akustischen oder anderen Signalen dem Patienten zurückgemeldet. Nach dem Prinzip der operanten Konditionierung, ermöglicht das Feedback dem Patienten eine Veränderung in die gewünschte Richtung, obwohl keine bewusst steuerbaren Parameter vorliegen. Je nach Störungsbild werden unterschiedliche Biofeedback-Methoden angewandt. [39]

3.2 Neurofeedback

Das Neurofeedback (engl. *neurofeedback*) ist eine spezielle Form des Biofeedbacks, bei der mittels Enzephalographie die Hirnstromaktivität gemessen, anschließend in Frequenzbänder zerlegt und dem Patienten visuell und/oder akustisch zurückgemeldet wird. Das Neurofeedback zeigt bei unterschiedlichen Krankheitsbildern wie bspw. Schmerzstörungen, Migräne oder ADHS gute Erfolge. Besonders in den USA hat sich die Methode des Neurofeedbacks erfolgreich etabliert und wird bspw. von der NASA seit geraumer Zeit als Trainingsmethode bei der Pilotenausbildung eingesetzt, um eine Erhöhung der Konzentrationsfähigkeit zu erzielen. [40]

Als Grundlage für das Neurofeeback gelten Stermans gut dokumentierte Ergebnisse aus den 60er Jahren. Im Rahmen seiner Studie ging es darum, die Toxizität eines Treibstoffgases an Katzen zu untersuchen. Ab einer bestimmten Treibstoffgas-Konzentration konnten an den Katzen eleptische Anfälle beobachtet werden. Auffällig bei dieser Versuchsreihe war, dass ein Teil der Katzen eine deutlich höhere Konzentration vertrug. Diese Gruppe war zuvor in einer völlig unabhängigen Versuchsreihe mittels operanter Konditionierung darauf trainiert worden, im Bereich des sensomotorischen Gyrus die Frequenz 12-15 Hz zu trainieren, um eine Belohnung zu erhalten. Die Beobachtung, dass das Hochtrainieren mit dieser Frequenz eleptische Anfälle verhindern konnte, wurde somit die Basis für weitere Forschungen Stermans. [41]

Innerhalb des Neurofeedbacks lassen sich verschiedene Möglichkeiten differenzieren, mit denen die Trainingsparameter berechnet und mit dem Elektroenzephalogramm (EEG) erhoben werden. Am häufigsten Verwendung finden das Frequenzband-Training (Alpha, Beta-

---

[39] Vgl. Caspar (2020), S.316
[40] Vgl. Drüge (2020), S.1235
[41] Vgl. Graf, Grill & Wedig (2009), S.220

‚Theta-, Delta-Wellen), das Training langsamer kortikaler Potenziale (*engl. Slow Cortical Potencials, SCP*) oder das Infra- Low Frequency Training. Im Gegensatz zum peripheren Biofeedback hat das Neurofeedback die Beeinflussung zentraler Strukturen zum Ziel und kann mittels Elektroencephalogramm (EEG), funktioneller Magnetresonanztomografie (fMRT) oder funktioneller Nahinfrarotspektroskopie (fNIRS) erfolgen. Beide letztere Verfahren sind vorwiegend Gegenstand aktueller Forschungsbemühungen, wobei das EEG-Training bereits in der klinischen Anwendung integriert ist. [42]

3.3 Elektroenzephalogramm (EEG)

Da die Messung des Neurofeedbacks mittels des Elektroencephalogramms (EEG) erfolgt, soll die Methode für ein besseres Verständnis im Folgenden erläutert werden:

Beim EEG erfolgt eine Verstärkung der Hirnstromwellen, um diese Ablesen zu können. Aufgezeichnet werden die Gehirnwellen durch eine Duschkappen-ähnliche-Kopfbedeckung, welche mit Elektroden übersät ist, die von einem leitfähigen Gel bedeckt werden.[43]

Die Summe der elektrischen Ereignisse im und am ganzen Kopf wird vom Oberflächen-EEG-Signal wiedergespiegelt. Dieses beinhaltet sowohl Aktionspotenziale als auch elektrische Signale von der Haut, den Muskeln, dem Blut und den Augen. Somit erlaubt das Oberflächen-EEG keinen direkten Blick auf die neuronale Aktivität des Gehirns. Seine Bedeutung als Forschungs-und Diagnosewerkzeug beruht vielmehr auf dem Fakt, dass bestimmte Bewusstseinszustände mit bestimmten EEG-Wellen oder cerebralen Pathologien assoziiert sind. So sind bspw. Alpha-Wellen regelmäßige Wellen mit einer hohen Amplitude von 8-12 Schwingungen pro Sekunde und gehen mit einem Zustand der entspannten Wachheit einher. Die gemessenen Frequenzen am EEG finden in der Therapieform des Neurofeedbacks ihre Anwendung. [44]

3.4 Anwendungsmöglichkeiten

Die Anwendungsmöglichkeiten des Neurofeedbacks sind vielfältig. Eine der häufigsten Anwendungen des Neurofeedbacks ist seine klinische Anwendung bei der Behandlung von ADHS bei Kindern. Kinder, die von ADHS betroffen sind, weisen oftmals EEG-Muster auf,

---

[42] Vgl. Windthorst et al. (2015), S.146-158
[43] Vgl. Myers (2014), S.65
[44] Vgl. Pinel, Barnes & Pauli (2019), S.125-126

welche von EEG-Muster von Kindern ohne ADHS stark abweichen. So ist das EEG-Muster bei Kindern mit ADHS im Vergleich zu gesunden Kindern „verlangsamt". Das bedeutet, dass Kinder mit ADHS in Ruhebedingungen zu viel Theta-Aktivität aufweisen, während ihre Aktivität in schnelleren EEG-Frequenzen, wie bspw. Beta, reduziert ist. Ein häufig verwendetes Neurofeedbackprotokoll, um ADHS zu behandeln ist in diesem Fall das sog. Theta/Beta-Protokoll. Hierbei sollen Kinder lernen, die langsamen Frequenzen im Theta-Bereich zu reduzieren und die EEG-Frequenzen im schnelleren Beta-Bereich zu erhöhen.[45] Somit sollen Schläfrigkeitssymptome vermindert werden und Afmerksamkeit hingegen verstärkt. Innerhalb des Trainings wird das Kind positiv verstärkt, indem es für jede richtige Ausführung einen Punkt erhält. Dies wird dem Kind rückgemeldet, was eine selbstregulierende Verhaltensänderung hervorruft.[46]

Des Weiteren existieren Studien, die sich mit dem Einsatz des Neurofeedbacks in der neurologischen Rehabilitation beschäftigen, um eine Verbesserung kognitiver Funktionen hervorzurufen. So können Patienten mit den verschiedensten Gehirnläsionen lernen, ihre eigene Gehirnaktivierung in eine gewünschte Richtung zu lenken, was eine Verbesserung kognitiver Funktionen zur Folge hat. [47]

Eine weitere Anwendungsmöglichkeit des Neurofeedbacks ist die Möglichkeit, neuronale Korrelate neuronaler Funktionen anzusprechen. So zeigte sich, dass bei der reinen Vorstellung von Bewegung ähnliche motorische Areale im Gehirn aktiviert werden, wie dies auch bei einer tatsächlichen Ausführung von Bewegungen der Fall ist. [48] So hat z.B. sowohl die Ausführung als auch die Vorstellung einer rechten Handbewegung eine erhöhte Aktivierung im Handareal des linken Kortexes zur Folge. Dieses Prinzip kann verwendet werden, um nach einer Schädigung motorischer Systeme im Gehirn, wie bspw. einem Schlaganfall, und damit einhergehenden Beeinträchtigungen motorischer Funktionen, die Aktivität der betroffenen Gehirnareale zu erhöhen und somit „neuronale Plastizitätsprozesse anzuregen". Das Neurofeedback bietet so die Möglichkeit, die Aktivität der betroffenen motorischen Gehirnregionen direkt an die Patienten während der Imagination einer Bewegung rückzumelden, wodurch bestimmte Gehirnareale spezifisch aktiviert oder unerwünschte Aktivierungsmuster reduziert bzw. verhindert werden können. Der Einsatz von Neurofeeback zur Verbesserung von Hand- und Fußbewegungen erwies sich in verschiedenen Studien als erfolgreich. [49]

---

[45] Vgl. Enriquez-Geppert et al. (2019), S.46
[46] Vgl. Heinrich (2010), S.357
[47] Vgl. Kober et al. (2019), S.2124-2131
[48] Vgl. Decety (1996), S.87-83
[49] Vgl. Mihara et al. (2011), S.924-926

Eine weitere Anwendung, an der schon Jahrzehnte lang geforscht wird und die ebenso die Gehirnaktivität der Nutzer in Echtzeit zurückmeldet, sind die sog. *Gehirn-Computer-Schnittstellen* oder *Brain-Computer-Interfaces* (BCI). Primäres Ziel von BCI-Anwendungen ist es externe Geräte, wie bspw. einen Rollstuhl, Computer oder eine Prothese, steuern zu können. Dies soll vor allem Personen, die vollständig oder teilweise gelähmt sind dabei helfen, sich zu bewegen oder zu kommunizieren. Beim BCI geht es im Vergleich zu NF-Anwendungen weniger darum, Gehirnaktivierungsmuster in eine bestimmte Richtung lenken zu könnenn, sondern mittels unterschiedlichster Strategien ähnliche Gehirnaktivierungsmuster zu erzeugen, die zuverlässig als „Kontrollsignal von einem Computer erkannt und richtig klassifiziert werden können." [50]

Zusammenfassend lässt sich feststellen, dass verschiedene Studien die positiven Effekte von NF-Training auf kognitive und motorische Funktionen, aber auch auf Affekt und Verhalten nachweisen konnten. [51]

Obwohl das NF als eine optimale und vielversprechende Methode zur Veränderung neuronaler Korrelate des Erlebens und Verhaltens eines Individuums erscheint, so ist es dennoch kritisch zu betrachten, da es auch beim NF einige Grenzen und Einschränkungen gibt: Eines der Hauptprobleme ist eine teilweise mangelhafte und unstandardisierte Evaluation der Effekte des NF. Aufgrund dessen ist es schwer, spezifische von unspezifischen Effekten, wie Erwartungs- und Placeboeffekten zu unterscheiden. Aktuell sind Forscher bemüht, geeignete Standards für die Evaluaion und Berichterstattung des NF zu entwickeln. Zudem sind in etwas einem Drittel der Fälle, die Nutzer auch nach wiederholtem Training nicht in der Lage, ihre eigene Gehirnaktivität in eine gewünschte Richtung zu lenken, wobei die Ursachen hierfür nach wie vor ungeklärt sind. Trotz dieser bestehenden Probleme, hat das NF-Training durchaus Potenzial und wird zukünftig erfolgreich in Training und Therapie sowohl stationär als auch von Zuhause eingesetzt werden. Hierfür gibt es bereits wissenschaftliche Evidenz. Für bestimmte Anwendungsbereiche, wie bspw. die Behandlung von ADHS, liegen bereits Studien und Meta-Analysen vor, die die Wirkung bestätigen. Eine Vielzahl an Forschern ist bemüht, die Erhöhung der geeigneten Standards zu verbessern und somit die praktische Anwendung des NF zu optimieren. [52]

---

[50] Vgl. Pfurtscheller & Neuper (2006), S.433.437
[51] Vgl. Gruzelier (2013), S.142-158
[52] Vgl. Kober & Wood (2020), S.187.196

Literaturverzeichnis

Bachl, N. Lölligen, H., Tschan, H. Wackerhage, H. & Wessner, B. (Hrsg). (2018). *Molekulare Sport-und Leistungsphysiologie: Molekulare, zellbiologische und genetische Aspekte der körperlichen Leistungsfähigkeit: mit zahlreichen Abbildungen und Tabellen.* Wien: Springer

Becker-Carus, C. & Wendt, M. (2017). *Allgemeine Psychologie: Eine Einführung* (2.Aufl). Springer-Lehrbuch. Berlin: Springer

Birbaumer, N.P. & Schmidt, R.F. (2010). *Biologische Psychologie* (7. überarbeitete und ergänzte Aufl.). Berlin: Springer.

Baur, A. (2015). *Hormonsystem: Humanbiologie für Lehramtsstudierende.* Berlin Heidelberg: Springer

Caspar, F. (2020). *Biofeedback*: Dorsch Lexikon der Psychologie (19.überarbeitete Aufl.). Bern: Hogrefe

Decety, J. (1996). Do imagined and executes actions share the same neutral substrate? *Brain research,* 3(2),87-9

Drüge, M. (2020). *Neurofeedback:* Dorsch Lexikon der Psychologie (19.überarbeitete Aufl.). Bern: Hogrefe

Ehrlert, U. (Hrsg.). (2016). Verhaltensmedizin (2.vollständig überarbeitete und aktualisierte Aufl.). Springer-Lehrbuch. Berlin: Springer

Enriquez-Geppert, S., Smit, D., Pimenta, M.G. & Arns, M. (2019). Neurofeedback as a Treatment Intervention in ADHD: Current Evidence and Practice. *Current psychiatry reports,* 21(6), 46

Entringer, S. & Heim, C. (2016). Biologische Grundlagen. In U Ehlert (Hrsg.), Verhaltensmedizin (Springer-Lehrbuch, 2., vollständig überarbeitete und aktualisierte Aufl.). Berlin: Springer

Gauggel, S. & Herrmann, M. (2008). *Handbuch der Neuro- und Biopsychologie.* Göttingen: Hogrefe Verlag

Gerrig, R. J. (2018). *Psychologie* (21.Aufl.) Hallbergmoos

Graf, M., Grill, C. & Wedig, H. D. (2009). *Beschleunigungsverletzung der Halswirbelsäule: HWS-Schleudertrauma.* Würzburg: Steinkopff-Verlag

Gruzelier, J. H. (2013). EEG-neurofeedback for optimising performance. II: Creativity, the performing arts nad ecological validity. *Neuroscience & Biobehavioral Reviews,* 44, 142-158

Heinrich, H. (2012). *Neurofeedback: Handbuch ADHS. Grundlagen, Klinik, Therapie und Verlauf der Aufmerksamkeitsdefizit-Hyperaktivitätsstörung.* Stuttgart: Kohlhammer-Verlag

Hoyer, J. & Knappe, S. (2020). *Klinische Psychologie & Psychotherapie* (3. Aufl.) Berlin: Springer

Huch, R. & Jürgens, K. D. (2011). *Mensch Körper Krankheit* (6.Aufl.). München: Urban & Fischer

Kober, S. E. , Pinter, D. , Enzinger, C., Damulina, A. , Duckstein & Fuchs, S. (2019). Self-regulation of brain activity and ist effect on cognitive function in patients with multiple sclerosis-First insights from an international study using neurofeedback. *Clinical Neurophysiology,* 130(11), 2124-2131

Kober, S. E. & Wood, G. (2020). *Möglichkeiten und Grenzen von Neurofeeback.* DOI: https://doi.org/10.1024/2235-0977/a000293

Menche, N. (2012). *Biologie Anatomie Physiologie* (7.Aufl.). München: Urban & Fischer

Mihara, M. (2011). Neurorehabilitative intervention with neurofeedback system using functional nearinfrared spectroscopy. *Rinsho Shinkeigaku,* 51(11), 924-926

Myers, D. G. (2014). *Psychologie* (3. Vollständig überarbeitete Aufl.). Heidelberg: Springer

Pfurtscheller, G. & Neuper, C. (2006). Future prospects of ERD/ERS in the context of brain-computer interface (BCI) developments. *Progress in brain research,* 159, 433-437

Pinel, P. J., Barnes, S. J. & Pauli, P. (2019). *Biopsychologie* (10. aktualisierte und erweiterte Aufl.) München: Pearson

Rüegg, J. C. (2007). *Gehirn, Psyche und Körper: Neurobiologie von Psychosomatik und Psychotherapie* (4. Erweiterte und aktualisierte Aufl.) Schattenhauer Verlag

Schandry, R. (2016). *Biologische Psychologie.* Julius Beltz GmbH

Silverthorn, D. U. (2009). *Physiologie* (4. aktualisierte Aufl.) Pearson GmbH

Windhorst, P., Veit, R., Enck, P., Smolka, R., Zipfle, S. & Teufel, M. (2015). *Biofeedback und Neurofeedback: Anwendungsmöglichkeiten in Psychosomatik und Psychotherapie.* Psychother Psych Med 2015; 65: 146-15